ÉTAT-MAJOR DE L'ARMÉE

2e Bureau

CONFIDENTIEL

ENSEIGNEMENTS

DE LA

GUERRE RUSSO-JAPONAISE

Note n° 9. — Fusil et tir de l'Infanterie.

Février 1906

Exemplaire n° .... remis à ....

État-Major de l'Armée

2e Bureau

Février 1906

Confidentiel

Enseignements de la guerre russo-japonaise

Note N° 9 Fusil et tir de l'Infanterie

Sommaire — Pages

Fusil et tir de l'Infanterie

I - Fusil d'Infanterie

Fusil japonais.- Le rapport d'ensemble du Général Lombard renferme au sujet du fusil japonais les renseignements suivants :

"Le fusil "Arisaka" du calibre de 6m/m5 à chargeur de 5 cartouches est une arme bien moderne. Sa vitesse initiale est de 725m., la hausse est graduée jusqu'à 2000m.

Son poids est de 3k.900, celui de la baïonnette avec son fourreau, de 0k.630.

La cartouche pèse 24 gr. La lame-chargeur 9 gr.

L'arme est légère, bien en main et a un recul très faible.

La force de pénétration et les effets de la balle sont analogues à ceux du fusil Lebel.

Le guidon est, en temps ordinaire, muni d'un couvre-guidon en laiton qui forme en même temps bouchon à l'extrémité du canon.

"Nous avons vu, après la bataille de Moukden, des fusils qui, nous a-t-on dit, avaient tiré de 1000 à 1500 coups depuis le commencement de la campagne. Ils étaient

en très........

en très bon état et le profil des rayures notamment était très net.

« Les remplacements d'armes qu'il y a eu lieu de faire et qui, paraît-il, ont été assez nombreux, (certains corps, après la bataille de Moukden, ont dû, nous a-t-on affirmé, faire remplacer le quart de leurs fusils) auraient eu pour principale cause, non pas des défectuosit[és] de l'arme, mais des dégradations provenant d'incidents de guerre (chocs, chutes, effets des projectiles ennemis, etc.).

On nous a cependant signalé des ruptures assez fréquentes de la crosse, le bo[is] est d'assez médiocre qualité et en outre, l[a] partie inférieure de cette crosse est constit[uée] par une pièce de bois rapportée, fixée par des chevilles au reste de la crosse.

« En somme, les Japonais sont très satisfaits de leur fusil et à bon droit, ce qui ne les empêche pas de songer au fusil automatique. »

Fusil russe. - Le fusil russe, modèle 1891, est du calibre de 3 lignes (7 m/m 62) ; il est dû au colonel Mossine.

C'est une arme à répétition, à chargeur de 5 cartouches avec fermeture à verrou, analogue à celle du Lebel.

La balle est en plomb durci avec

enveloppe......

enveloppe de maillechort ; elle pèse environ 13 gr. 7 et possède une vitesse initiale de 620 m.

L'arme pèse avec sa baïonnette 4 k. 300. La baïonnette reste toujours fixée au fusil

D'après le rapport du Lt-Colonel Nieznamoff, le fusil 1891 s'est montré tout à fait satisfaisant tant comme construction que comme propriétés balistiques à part quelques légères défectuosités sans grande importance auxquelles il est facile d'obvier.

Le Capitaine Solovier signale de nombreuses dégradations, surtout aux culasses mobiles, en raison du nettoyage insuffisant et du manque fréquent de graisse à fusil.

II - Emploi du tir.

Emploi du tir dans l'offensive. - Le rapport du Général Lombard renferme à ce sujet les renseignements suivants :

"D'une manière générale, on peut dire que l'infanterie japonaise n'ouvre le feu que le plus tard possible, lorsqu'elle ne peut plus avancer sans tirer, c'est-à-dire

lorsque ......

lorsque la marche par suite du feu de l'ennemi n'est plus possible que par échelons, le feu de l'échelon arrêté protégeant la marche de celui qui se porte en avant. Par suite, <u>la distance à laquelle le feu a été ouvert dans l'offensive a beaucoup varié suivant le terrain et les circonstances de l'engagement.</u>

"Pendant l'été de 1904, l'infanterie japonaise cachée aux vues par les hautes tiges de gaolian, (sorte de millet dont les tiges atteignent jusqu'à 3m de hauteur) a pu arriver jusqu'à la limite × où ces cultures avaient été coupées par les Russes en avant de leurs ouvrages, c'est × à dire en certains points à 400m seulement, sans brûler une amorce et n'a commencé le feu qu'à cette distance.

"En octobre de la même année, dans les plaines du Chaho, les récoltes étant coupées, on a dû préparer l'attaque de plus loin. <u>En général</u>, <u>le feu était ouvert aux environs de 1200m</u>.

Ainsi le 11 octobre, à l'attaque de la 3e Division sur Nankwantoun et Entchuinlou les feux commencèrent à 1200m. Le 12 octobre à l'attaque de Souliho, les troupes postées pendant la nuit dans des tranchées au nord du village de Siaokanko exécutèrent pendant toute la matinée des feux à 1000m.

Lors de la bataille de Hekaotai (Sandepou), les 26, 27, 28 Janvier 1905, les

troupes.......

troupes de la 5e Division attaquant de Tatai sur Lin chaoko, ouvrirent le feu à 1200m.

« Pendant la bataille de Moukden, les troupes de la 8e Division qui enlevèrent Chantang (sur le Hounho) avaient pris position de nuit le 1er mars à 600m des points d'attaque qui étaient reconnus depuis un mois; le feu fut donc ouvert à cette distance.

Quand cette même division se heurta, le 4 mars, aux villages fortifiés de Kankatoun et Sanchutoun, ses attaques furent préparées dans des villages situés à 1000 ou 1200 mètres de l'ennemi; elles ne purent d'ailleurs jamais arriver à moins de 400 m. des positions russes

<u>On ne peut donc poser de règles fixes à ce sujet</u>, l'infanterie japonaise agissant selon les circonstances. Ainsi, le 2 mars 1905, un régiment de la 5e Division se trouvait devant le village de Chuknanpou occupé par les Russes; l'effort principal sur l'ennemi devant se produire dans
X une autre direction, il s'agissait seulement de l'amuser tout en ne perdant pas trop de monde. Dans ces conditions, la ligne de tirailleurs chargée de cette mission ouvrit le feu à 1500m au moins. »

Emploi du tir dans la défensive. - Côté japonais. - « <u>Dans la défensive, l'infanterie japonaise réserve</u>

<u>généralement</u>...

généralement son feu jusqu'à ce que l'ennemi soit arrivé à bonne portée de manière à produire brusquement un effet moral et matériel considérable soit vers 5 ou 600 m.

"Pour repousser les attaques de nuit le feu était ouvert à courte distance, souvent à 100 ou 150m." (Gl Lombard).

Côté russe. – "Dans la défensive, les meilleurs résultats ont été obtenus en attendant silencieusement l'attaque et commençant les salves lorsque l'assaillant était à 3 ou 400m. Dans ces conditions, les attaques ont toujours été repoussées bien qu'elles fussent menées par les Japonais avec un courage et une audace exceptionnels et qu'elles aient eu lieu le plus souvent par lignes successives qui débouchaient des couverts et dont le nombre alla jusqu'à 6.

(Général Silvestre)

Exécution des feux – Côté japonais. – "En principe, lorsque les circonstances le permettent, c'est le capitaine qui donne l'ordre d'ouvrir le feu; les chefs de peloton fixent le nombre de chargeurs à consommer et règlent le tir de leur peloton.

"La discipline du feu est bien observée, le silence règne parmi les troupes.

"Le feu est très nourri toutes les fois

qu'il ......

qu'il s'agit de préparer la marche en avant dans la zone efficace des feux de l'ennemi ou de repousser une attaque.

"Lorsque la troupe est immobilisée par le feu de l'ennemi sur une certaine position et que par suite le mouvement en avant est devenu impossible pour un temps assez long, le feu cesse ou plus ordinairement, est entretenu par quelques hommes choisis qui tirent posément.

"Le feu à notre connaissance, a toujours été exécuté à volonté. Le feu de salve est prévu par le règlement japonais mais nous ne l'avons jamais vu employer même à l'instruction.

Les Russes en usaient au contraire fréquemment au combat."

(Général Lombard)

Côté russe. — "Le feu à volonté qui dégénère trop facilement en tireries sans but et sans précision lorsqu'il n'est pas exécuté par des tireurs exceptionnellement bien instruits et bien disciplinés, permet trop facilement à une troupe d'échapper à la direction de son chef. Il ne tarde pas à rendre les tireurs nerveux ; ceux-ci se grisent, perdent leur sang-froid et gaspillent leurs munitions sans profit.

"En raison de cette difficulté, les officiers

russes......

russes préférèrent, pour repousser les attaques le tir par salve au tir à volonté. Ils tâchèrent de le maintenir le plus longtemps possible afin de conserver à leur troupe assez de calme pour exécuter encore un tir ajusté quand la dernière des lignes successives d'attaque se présentait.

"Mais quel que fut l'ascendant du chef, le tir commencé par salve et au commandement, se transformait rapidement en tir à volonté et il devenait très-difficile au chef de reprendre en main la direction du tir.

"Cette tendance, d'ailleurs si naturelle à passer rapidement à un tir désordonné dans les moments critiques, doit être prévue et pour y faire obstacle, il est nécessaire, en temps de paix, de porter une attention toute spéciale sur la discipline du feu.

"Dans le tir par salve, il convient d'insister sur la nécessité pour chaque tireur de ne lâcher son coup qu'au moment où il a parfaitement visé, comme d'ailleurs notre règlement nouveau le recommande.

"La salve russe comme la salve française d'autrefois, était simultanée pour tous les fusils. La salve japonaise, au contraire, produisait le roulement qu'entraîne le départ du coup après la visée individuelle,

elle se......

elle se montra beaucoup plus efficace.

« Le feu à "tant de cartouches" participe des avantages du tir par salves et exige une discipline égale. »

(Général Silvestre)

Le rapport des officiers de la 35e Division renferme, au sujet de l'exécution des feux, les renseignements suivants :

« Le fusil actuel permet, en dépensant beaucoup de cartouches, d'infliger à l'adversaire un mal déjà sérieux à la distance de 3000 pas (environ 2k.), mais ce feu ne peut s'exécuter que sur des unités considérables, des colonnes, des trains etc.

« A la distance de 2500 à 2000 pas (1800 à 1400m.), le tir par salves sur des colonnes avec une bonne détermination des distances donne déjà de bons résultats surtout au point de vue moral. L'ennemi subit des pertes de la part d'un adversaire qu'il ne voit généralement pas.

« A partir de 1500 pas (environ 1050m.) commence ordinairement le tir sur la chaîne. C'est le tir individuel qu'il faut employer. En raison des efforts des deux partis pour se couvrir le plus possible, il ne s'offre pas à ces distances de buts convenables pour des salves. D'autre part

il est.......

il est à peu près impossible de désigner aux hommes sous le feu, des buts d'apparence peu visible, mal définissables, mal déterminés, de contours presque insaisissables. Toutefois, si le but se trahit de lui-même par un faux mouvement ou une fausse manœuvre, il faut vivement en profiter avant que l'ennemi ait réparé sa faute en se dispersant. Pour cela, le seul moyen efficace est le feu par paquets(1), les salves demandent trop de temps.

"A partir de cette distance, durant toute la progression du cheminement offensif, le feu individuel constamment varié comme vitesse, depuis le tir "par paquets" jusqu'à la suspension complète du tir, suivant les indications des chefs ou selon l'initiative des tireurs eux-même est le vrai mode à employer.

Le Capitaine Solovier du 9e Régiment de Tirailleurs de Sibérie, donne dans sa conférence, les renseignements suivants sur l'exécution des feux.

"La Direction du feu pendant le combat est devenue une chose très difficile. Les hommes ont une forte tendance à ouvrir le feu dès qu'ils sont couchés, même sans attendre l'ordre de tirer, la désignation des buts, l'indication de la hausse et le genre de feu.

Cette hâte est provoquée avant tout

par un ......

(1) Tir d'un paquet de 15 cartouches.

par un besoin irrésistible de s'étourdir et d'étouffer la conscience du danger par une recrudescence d'activité, mais elle est très nuisible à l'efficacité du feu, à l'ordre dans le combat et à la direction du feu.

"Il est impossible de diriger le feu avec des hommes qui n'y ont pas été dressés à fond au préalable.

Le bruit de la fusillade sur la chaîne, des projectiles ennemis qui éclatent, des détonations de notre propre artillerie, sont cause que la voix se fait à peine entendre.

"Ajoutez à cela que le front de la chaîne d'une compagnie n'a pas moins de 400 pas et alors il vous paraîtra évident qu'il est presque impossible à un chef de compagnie de diriger sa chaîne de tirailleurs avec des commandements.

"Les Commandants de section eux-mêmes sont souvent dans l'impossibilité de diriger leur troupe à la voix; c'est pourquoi on arrive à renoncer aux salves et à recourir au tir "par paquets".

"C'est encore le sifflet, répété par tous les sous-officiers de la compagnie, qui s'entend le mieux; c'est pourquoi il convient que les hommes soient dressés à obéir au sifflet. Avec de la persévérance et de la volonté, on peut arriver à ce que dans le moment où le feu est le plus intense, il cesse sur toute la chaîne au coup de sifflet du Chef de la compagnie.

Le grand.....

« Le grand obstacle assurément, c'est cette nervosité qui se manifeste au feu même chez les troupes les mieux aguerries. Il n'y a qu'une bonne éducation du temps de paix et une forte discipline sur la chaîne de tirailleurs (ne permettant pas à un seul tireur d'ouvrir le feu avant le commandement et faisant cesser immédiatement le feu à commandement au signal du sifflet) qui puissent être un gage suffisant du maintien de l'ordre sur la chaîne pendant le combat et assurer un tir vraiment efficace.

« Les salves sont évidemment un des moyens les plus puissants pour intrôniser l'ordre sur la chaîne, mais il n'est pas toujours applicable. C'est pourquoi le point capital, c'est la préparation du temps de paix et ses lacunes se manifestent dans le combat avec relief et évidence. Pour les combler, nous avons été obligés de faire des exercices d'ordre dispersé au bivouac et ces exercices ont procuré des avantages incontestables. Mais il n'a pas toujours été possible d'en faire, les travaux de mise en état de défense, d'organisation de patrouilles, les reconnaissances, etc, ont obligé le plus souvent à se contenter des dures leçons sous le feu de l'adversaire.

Quant au "tir lent", il ne s'applique jamais, sauf pour faire tirer sur des isolés par les meilleurs tireurs.

Inefficacité du feu d'infanterie aux petites distances. - Le rapport du Général Silvestre contient à ce sujet le passage suivant :

"Après un an de guerre, l'un des colonels russes qui a été le plus souvent au feu, me disait que dans l'attaque, les distances les plus dangereuses étaient comprises entre 1000 et 500m ; en-deçà de 500m, le tir devenant moins précis, faisait moins de victimes ; les balles passaient trop haut."

"Parmi les appréciations diverses que peut suggérer cette observation, il en est une incontestable à savoir que, pour être certain de l'efficacité du feu de l'infanterie, il faut que le fantassin soit amené par une gymnastique incessante et journalière, à placer au moins dans toutes les positions et toutes les circonstances, son arme horizontale, il faut qu'une pratique journalière lui crée de telles habitudes que malgré lui, invariablement, inconsciemment, il ne puisse presser la détente qu'au moment où son arme est dans la direction du but.

"La visée doit être machinale, n'exiger ni attention, ni réflexion ; ne tirer qu'à l'instant où le fusil est correctement placé, doit devenir pour le tireur comme une seconde nature. A cette condition seule il sera affranchi dans certaines limites des émotions et des fatigues du combat."

De son - - - - - -

De son côté, le Général Lombard s'exprime ainsi :

« Le soldat japonais possède un système nerveux beaucoup moins impressionable que le nôtre, en outre son instruction dans le tir est particulièrement soignée.

« Pendant les longues périodes de calme qui s'écoulaient entre deux batailles les hommes étaient assidûment exercés au tir à la cible (tirs de perfectionnement pour les anciens soldats, tirs d'instruction pour les recrues arrivées à l'armée).

« Nous avons toujours vu le fantassin japonais viser avec attention. D'une manière générale, on peut dire que le fantassin japonais est un bon tireur moyen, la ligne de mire de son fusil qui est la même que celle de notre fusil 1874, ne permet d'ailleurs pas le tir de précision. »

« A courte distance de l'ennemi, sous un feu violent, il paraîtrait que le Japonais subit la crise qu'éprouve tout être humain qu'il soit jaune ou blanc, quand il est soumis à une semblable épreuve. Il ne tire plus alors, à beaucoup près, avec le même soin et la même discipline, ce qui est tout naturel. Les Japonais sont faits de chair et d'os tout comme les autres hommes.

Enfin ......

Enfin le rapport des Officiers de la 35e division renferme le passage suivant :

"A mesure que les deux partis se rapprochent, le nombre des buts distinguables augmente, la nervosité croît et le feu atteint une effroyable intensité, le crépitement de la masse des coups tirés rappelle le bouillonnement d'une chaudière gigantesque.

"Une fois la distance réduite à 400 ou 500 pas (300 à 350m.) il devient difficile de viser et ordinairement les balles volent par dessus les têtes et vont tomber loin derrière.

"C'est pendant cette période que la mitrailleuse qui est une machine sans nerfs, acquiert une immense valeur. Elle ne subit pas d'affaiblissement nerveux et fauche littéralement les lignes de l'attaque.

Nécessité du tir couché. – Le Général Silvestre émet à ce sujet l'avis suivant :

x "Le tir derrière abri et à défaut le tir couché sont seuls possibles.

Malgré les principes de Dragomiroff recommandant le tir debout, la nécessité ne tarda pas à forcer les Russes à ne tirer que couchés.

Mais le tir couché, pour être précis, exige une préparation poussée très loin et notre règlement de tir insiste

avec ......

avec raison sur le dressage physique du tireur.

"Ce dressage doit être journalier pour que le tireur couché arrive à prendre habituellement et sans effort la position la plus convenable dans tous les terrains et puisse sans fatigue la conserver longtemps.

"Il n'est pas moins utile d'exécuter la plus grande partie des tirs dans la position couchée et dans ce but, il est nécessaire d'aménager les stands pour que le tir soit exécuté réellement dans la seule position où il aura lieu à la guerre.

Le Général Silvestre expose ensuite les inconvénients du sac actuel pour le tir couché; il en demande la suppression et l'adoption d'un équipement facilitant ce tir. (Voir Note N° 8 - pages 21)

Le Général Lombard signale également l'emploi général par les Japonais de la position couchée.

"La position normale du fantassin japonais en terrain découvert est la position couchée.

Quand il peut trouver un point d'appui pour son arme, il tire parfois en saisissant avec la main gauche la crosse, en arrière du pontet, de manière à appuyer fortement le fusil à l'épaule.

Il tire ......

Il tire également parfois assis.

Réglage du tir. — "Les cas ont été nombreux où le sol permettait, même à de très grandes distances (j'en ai observé à la jumelle à plusieurs kilomètres), de voir distinctement la poussière soulevée par les balles.

"Le réglage du tir par l'observation de points de chute est donc possible et son étude mérite des exercices spéciaux.

"Les théories parfois émises sur son inutilité et sur le peu d'importance de la visée exacte sont en contradiction flagrante avec les faits.

"La précision du tir est d'autant plus importante que, sauf pendant l'assaut les objectifs présentent une surface très petite.
(Général Silvestre)

Le rapport des officiers de la 35e Division insiste de son côté sur la nécessité d'un bon système d'observation si l'on veut mettre à profit la justesse et la vitesse du tir de l'infanterie. D'après ce rapport, chaque section doit avoir 3 ou 4 observateurs et les officiers, ainsi que 3 ou 4 hommes par compagnie, doivent être munis de très bonnes jumelles.

Feux de flanc. — Le rapport des officiers de la 35e Division signale l'importance des feux de flanc qui provoquent généralement un grand trouble dans le secteur battu.

III – Effets du feu d'infanterie

× Les statistiques officielles ~~japonaises~~ encore bien incomplet donnent les chiffres suivants

1° – Depuis le commencement des hostilités jusqu'à la bataille de Liao-yang inclus.

		Pertes totales	Pertes par le feu d'infanterie	Pour cent	Pertes par l'arme blanche	Pour cent
1re Armée	Div. de la Garde	2.739	2.446	89.3	3	0.1
	2e Divon	2.281	1.971	85.5	61	2.6
	12e –	2.947	2.334	79.8	77	2.6
Ensemble de la 1re Armée		7.967	6.751	84.7	141	1.8

2° – Bataille du Chaho.

	Pertes totales	Pertes par le feu d'infanterie	Pour cent	Pertes par l'arme blanche	Pour cent
Ensemble de la 1re Armée	7.301	6.040	82.7	59	0.8
× Ensemble de la 2e Armée	6.008	5.019	83.5	?	

3° – Bataille de Moukden

		Pertes totales	Pertes par le feu d'infanterie	Pour cent	Pertes par l'arme blanche	Pour cent
1re Armée	Div. de la Garde	2.851	2.439	85.5	26	0.91
	2e Divon	4.836	3.961	81.9	12	0.25
	12e –	1.778	1.475	82.9	7	0.39
Ensemble de la 1re Armée		9.465	7.875	83.2	45	0.47

4° – Pour la durée de la campagne

	Pertes totales	Pertes par le feu d'infanterie	Pour cent	Pertes par l'arme blanche	Pour cent
Ensemble de la 1re Armée	24.733	20.666	83.5	245	1.n

Jusqu'ici aucune statistique russe officielle n'a donné les pour cent des pertes causées par le feu de l'infanterie. Le capitaine Soloviev donne le chiffre de 85 %.

IV - Résumé - Conclusion

Le fusil japonais et le fusil russe ont donné satisfaction au point de vue du tir mais on a dû remplacer un assez grand nombre de fusils dégradés, surtout par suite d'incidents de guerre du côté japonais et d'entretien insuffisant du côté russe.

Dans l'offensive l'infanterie japonaise n'ouvrait le feu que le plus tard possible, quand elle ne pouvait plus avancer sans tirer. Les distances auxquelles le tir a été ouvert ont donc varié suivant les circonstances.

Dans la défensive, l'avantage qu'il y a à n'ouvrir le feu qu'aux petites distances (300 à 600.m) a été mis en évidence d'une façon très marquée, aussi bien du côté russe que du côté japonais.

Les feux de salve à grande distance, 1400.m et même 2000.m sur des objectifs importants, paraissent avoir donné de bons résultats du côté russe. Le Général Silvestre en est partisan parce qu'ils retardent le moment où le tir échappe à la direction des officiers. Mais d'après cet Officier Général, chaque tireur ne doit lâcher son coup qu'au moment où il a parfaitement visé.

Il est du plus grand intérêt d'avoir une

disciplini....

discipline du feu aussi parfaite que possible, qui permettra seule l'emploi du feu de salve ou du feu à cartouches comptées. Dans ce but, l'instruction du temps de paix ne saurait être trop complète, tant en vue d'obtenir un tir efficace que de ménager les munitions et de diminuer la nervosité du tireur.

Aux grandes distances, on ne peut agir efficacement que sur des buts importants; aux moyennes distances, le tir de l'infanterie atteint son maximum d'effet quoique les buts soient peu visibles; aux petites distances, les buts deviennent visibles mais le tir perd beaucoup de son efficacité en raison de la nervosité des tireurs qui tirent en l'air.

Tous les moyens qui pourront diminuer cette nervosité, entraînement du temps de paix, ouverture du feu retardée autant que possible, emploi prolongé du feu à cartouches comptées devront donc être soigneusement employés.

Il ne semble pas que l'on puisse espérer arriver à la supprimer complètement puisque les soldats russes et japonais qui sont remarquablement calmes, n'échappaient pas à la crise nerveuse du combat rapproché.

D'ailleurs, à une époque où le feu avait beaucoup moins d'intensité que dans la guerre moderne et où la guerre se faisait avec des soldats de profession, les sergents n'étaient-ils pas munis d'une pique avec laquelle ils abaissaient les mousquets pour forcer les hommes à tirer horizontalement.

L'inefficacité......

L'inefficacité du feu du fusil d'infanterie aux petites distances constatée et mise en évidence par tous les officiers ayant suivi la guerre russo-japonaise, plaide énergiquement en faveur de la mitrailleuse d'infanterie, machine sans nerfs tirant au ras du sol, dont l'effet peut être décisif dans la crise du combat rapproché.

D'après le Général Lombard, les Japonais songeraient au fusil automatique. On peut se demander, d'après l'expérience de la guerre de Mandchourie, si l'adoption d'un fusil automatique n'augmenterait pas encore, dans des proportions considérables, la nervosité des tireurs et ne conduirait pas à une dépense de munitions énorme si cet engin devenait l'arme normale de l'infanterie.

Il en serait autrement si le fusil automatique n'était donné qu'à un petit nombre d'hommes par compagnie, bien choisis par le capitaine.

L'adoption par la Russie du fusil mitrailleuse Madsen qui tire sur affût et doit être donné à 2 ou 4 hommes par compagnie, procède évidemment de cette manière de voir.

La guerre de Mandchourie a montré, du côté russe comme du côté japonais, que la position couchée est la position

normale .....

normale du tireur. L'homme doit donc être soigneusement entraîné à bien tirer dans cette position et l'équipement doit lui faciliter la prise de cette position.

Enfin, le réglage du tir par l'observation des points de chute paraît possible si l'on emploie de bonnes jumelles et un certain nombre d'observateurs par compagnie.

« Les prescriptions sur les feux du Règlement du 3 Décembre 1904 et celles du Règlement de tir du 31 août 1905 correspondent à tous les enseignements de la guerre de Mandchourie au sujet de l'emploi du fusil. » (Général Silvestre)

Vu bon à tirer à 215 exemplaires après corrections.

www.ingramcontent.com/pod-product-compliance
Ingram Content Group UK Ltd.
Pitfield, Milton Keynes, MK11 3LW, UK
UKHW021118290826
14628UKWH00014B/2866